La Gracia de Dios: Rectitud para Tu Situación

Por Jeanetta Yeboah

En memoria de mi abuela, Carrie Lee McKnight.

La Gracia de Dios, (La) rectitud para tu situación

ISBN: 163227096X

Prefacio

"Dios es el alfarero y un orfebre. No hay nada que hayas hecho que no pueda arreglar y sanar por ti. Dios quiere moverte en el lugar que te corresponde, su plan para tu vida. A pesar de lo que hayas hecho. Él te ama y quiere que operes en todo tu potencial."

Muchas personas están caminando en este mismo momento sintiéndose perdidos, deshechos, e indignos de amor. Tal vez sienten como que nadie los ha amado o que les han hecho cosas tan horriblemente malas que el dolor que han causado es imperdonable. Lo que no se dan cuenta es que son dignos de amor. Ellos han sido amados desde el principio del tiempo. Ellos todavía son amados hoy. Hoy en día pueden ser perdonados; hoy pueden encontrar la salvación, porque hoy Dios está dispuesto a perdonar.

Este libro fue hecho para inspirarte y animarte. Este libro te hará buscar en tu propio corazón. ¿En qué crees? ¿Estás caminando todos los días, tratando todo lo posible para ser un testimonio al mundo, o simplemente estás caminando alrededor? Todo el mundo tiene un propósito. Dios nos creó a todos diferentes por una razón.

"Hay gracia para la situación a la que te enfrentas o que descuidas en tu vida. No estoy descontando tus experiencias por haber sido decepcionantes, hirientes, y posiblemente incluso estremecedoras."

No importa de qué situación estés saliendo, no importa cuáles sean las pesadillas que tengas cuando cierras los ojos, la gracia suficiente de Dios puede salvarte. Si has estado buscando una señal, en busca de algo de sabiduría, buscando una manera de salir de tu miseria continua, que éste sea el primer paso. Que hoy sea el día en que inicies un cambio.

Este cambio se iniciará con la primera página de este libro y continuará a lo largo de tu caminar con Cristo. *Hoy, tu vida puede comenzar.*

Acerca del Autor

Jeanetta Yeboah es un ser humano como tú y yo. Tuvo experiencias del pasado de las cuales no estaba orgullosa. Ella luchó con el miedo, la depresión, las decepciones y conceptos integrados de la religión. Las cosas empezaron a cambiar en el primer día que decidió buscar activamente la presencia del Señor, para que una revelación personal de quién era en su vida. Ella fue capaz de liberarse de su estado de estancamiento y complacencia, y descubrió un mundo de gracia, nuevas pasiones, nuevos deseos, y la justicia a través del poder de Dios.

Dios metió la mano en su corazón e hizo un cambio. Él derribó los muros que había construido a su alrededor, y los reemplazó con amor incondicional y regalos únicos. Se le dio el don de la oración de intercesión, alabanza y adoración. Ahora podría ser un testimonio de Cristo al mundo, y colocarlo por encima de todas las demás ideas y objeciones.

Cada día, ella sigue viendo los frutos de seguir a Dios que se han manifestado en su vida. A través de este libro, ella se enorgullece de invitarte a unirte al camino que Dios ha creado para ti, y para desarrollar tu propia relación con Jesús. Esta mujer es un testimonio de todo el mundo que conoce, y no hay duda de que ella deja una impresión duradera en los corazones de todos los que encuentra.

Tabla de Contenido

Introducción..8

Capítulo 1
Paredes y Obstáculos...12

Capítulo 2
Gracia y rectitud para tu situación…………...............................19

Capítulo 3
Perdónate a ti mismo...35

Capítulo 4
Un momento definitivo...41

Capítulo 5
Guerra espiritual..47

Capítulo 6
¡Si dices lo que Dios dice, tendrás lo que dices!............................52

Capítulo 7
Dios te ama………………..58

Capítulo 8
Lidiando con las emociones…………….................................64

Capítulo 9
Recibiendo un nuevo propósito…………….............................67

Capítulo 10
Revelación……………...77

Introducción

Si pudieses escribir una biografía sobre tu vida, ¿cómo se leería, y a qué sonaría? ¿Sería la opinión de alguien sobre ti, tu crítico personal de ti, o quién Dios declara que eres? Este libro está diseñado para ser un diario de curación para que pueda convertirse en el destino que Dios ha destinado para tu vida.

A medida que tomes este viaje conmigo, te animo a permitir que el Espíritu de Dios te ministre y empiece a sanar heridas y llagas. La información contenida en este libro es para permitirte tomar el control de tu mente, espíritu y cuerpo, y para caminar en la victoria. Esta información se aplica a todas las situaciones. La información contenida en este libro está inspirada en la palabra de Dios y no debe ser utilizada como un sustituto de la Biblia, sino que debe utilizarse como una palabra de aliento. No es una declaración de una sola vez, pero hay que recordar que las declaraciones/confesiones y la fe son parte de la vida cotidiana con el fin de caminar en victoria. Isaías 55:1 (NVI) declara "¡Venid, todos los sedientos, venid a las aguas; y los que no tienen dinero, venid, comprad y comed! Venid, comprad vino y leche sin dinero y sin costo. "El agua es el Espíritu de Dios/su unción. Con el fin de obtener la unción hay que tener sed para ello y hacer un intercambio. La unción es la vida de la energía de Dios que fluye a través de ti. Así que este día te reto a recibir lo que se da libremente a ti y aplicarlo a tu vida, y verla cambiar.

Que seas bendecido

Oración

Padre Celestial, te pido que vengas y manifiestes tu espíritu sobre los lectores de este libro. Tu palabra dice que contigo está la fuente de la vida; en tu luz vemos la luz Salmo 36:9 (NVI). Ven y abre los ojos y el corazón del lector para recibir una revelación acerca de tu vida que les ministrará y les elevará a un nuevo nivel.

¡En el nombre de Jesús, Amén!

Capítulo 1

Paredes y Obstáculos

El enemigo desea crear muros y obstáculos para retenernos de vivir nuestras vidas a nuestro potencial y de andar en el destino que Dios ordenó para el creyente. **El enemigo crea sentimientos de condena, insuficiencia, la baja autoestima, la mundanidad, distracciones, y el engaño**. Si permitimos que estos sentimientos sean procesados a través de nuestra mente y corazón, se enraízan creando obstáculos, reductos y limitaciones. **Despojémonos de todo peso y del pecado que nos asedia, y corramos con paciencia la carrera que tenemos para nosotros (Hebreos 12: 1 NVI).**

Para eliminar estos obstáculos, tenemos que confrontar el pecado y el engaño que nos impiden avanzar. A través de este proceso de la meditación de la palabra de Dios, la fe y la paciencia son todas necesidades que se deben aplicar en nuestra vida personal. Estos tres componentes son esenciales porque sin ellos, el enemigo comenzará a infiltrarse en nuestras mentes y crear obstáculos. **Considerad a aquel que sufrió tal contradicción de pecadores contra sí mismo, para se cansen hasta desmayarse en vuestras mentes (Hebreos 12: 3 RV).**

Los obstáculos que el enemigo crea comienzan primero en la mente y luego se deslizan en el corazón para crear una manifestación de engaño. El enemigo utilizará una situación simple para engañarnos como creyentes.

Echemos un vistazo a esta situación:

Has estado en tu trabajo durante 10 años; la economía está afectando la mayoría de las grandes empresas, por lo que una gran cantidad de organizaciones están empezando a reducir su tamaño. Tienes una reunión de la empresa en la que te enteras de que la reducción de tu organización va tener lugar antes del final del trimestre. Inmediatamente, el enemigo va a permitir que tu corazón sea temeroso y empiece a decir que todo por lo que has trabajado tan duro llegará a su fin. Tu casa será hipotecada, tu coche será embargado, y así sucesivamente. Esta es una de las tácticas del enemigo para jugar con la mente de uno.

Inmediatamente debes proceder a reprender a esos sentimientos y declarar que Dios es tu fuente, y que él es tu escudo y ninguna cosa buena se te negará (Salmo 84:11 NVI). ¿Qué estás haciendo? ¡Estás de pie en la fe, sabiendo que Dios es tu fuente y proporcionará! Entonces, ¿qué si sucede? ¿Qué pasa si resultas uno de los individuos que llegan a despedir? ¿Entrarás en una depresión? ¡No! "Llama mi nombre y te mostraré cosas grandes y ocultas de las que no sabes" (Jeremías 33: 3 RV). Al permanecer en la presencia del Señor, él dirigirá tus pasos a tu próximo lugar de empleo. El Señor buscará tu prosperidad (Salmo 122:9 NVI). Se trataba de una situación de la vida real y en lugar de perder un empleo debido a la reducción de personal, a esta persona se le pidió que manejara una oficina en Texas. Mira la gracia de Dios.

Porque eres la sal de la tierra y el amado hijo de Dios, el enemigo tratará de hacerte perder el curso a través del engaño. El engaño es una mentira que promueve algo no de valor. El engaño comienza en la mente. "Como un hombre piensa, así es él" (Proverbios 23: 7 RV). Lo que piensas en tu mente interpreta lo que realmente eres y piensas que estás atravesando. La decepción te permite pensar que eres un producto de tu propio entorno.

Así que si vienes de un hogar roto donde tu padre no estaba presente y tu madre luchó para proveer para ti, o fuiste víctima de incesto o con problemas mentales, etc., el enemigo va a utilizar tu pasado para hacerte saber que no hay esperanza para tu futuro, y que te guiará por el mismo camino que tu madre/padre. Así se empieza a procesar los pensamientos y trata de ser tu propio salvador tomando tu vida en tus manos y en busca de amor en todos los lugares equivocados para regresar en donde empezaste.

¡EN NINGUNA PARTE! El hecho de que tu madre/padre haya experimentado un cierto estilo de vida de las luchas que se han transmitido de generación en generación. Esto se detiene contigo. La Biblia dice que somos libres de la maldición de la ley (Gálatas 3:13). Las bendiciones del Señor te enriquecen y no añaden tristeza (Proverbios 10:22) Hoy en día mediante la identificación de la situación que se te ha transmitido, tú puedes destruirla por la fe, al declarar la palabra de Dios con autoridad. El que es nacido de Dios vence al mundo (1 Juan 5:4). Así que supera a cada situación presentándose a ti como un obstáculo a través del poder de Dios y sabiduría de Dios (1 Corintios 01:24)

Detengámonos allí por un minuto... la Biblia dice: "El que haya esposa, haya el bien" (Proverbios 18:22 RV). Como resultado de su pasado, algunos hombres/mujeres se aferran a un montón de equipaje en su espíritu, por su parte algunos están dispuestos a casarse en la primera oportunidad, sin recoger datos sobre esa persona para ver si están afines. Esto lleva a la gran epidemia de divorcios en este país. A veces tenemos que recibir a Jesús como nuestro esposo/esposa primero, y permitirle hacernos pleno en todos los aspectos de nuestra vida, en lugar de buscar una relación y la aprobación de otra persona que lleva a más esclavitud. Por último, deberías pedirle al Señor que te guíe hacia tu cónyuge. Como hemos aprendido de Samuel, el aspecto exterior puede ser engañoso y lo que se ve bien para el ojo humano, podría no ser bueno para ti.

Oración

Padre, tu Palabra dice que de tu boca fluye la sabiduría y el entendimiento. Gracias por impartir tu sabiduría y entendimiento en nuestras vidas para que podamos ver claramente. Gracias por eliminar todos escollo en el camino a nuestra victoria para que no sigamos envueltos en los mismos temas, año tras año. Sino que catapúltanos a un nuevo nivel en el espíritu. No permitas que seamos tan fácilmente engañados, sino que danos discernimiento para que sepamos lo que es de ti. ¡Permítenos apoyarnos en el fundamento de Dios, con fe que nunca te fallará... a ti!

En el nombre de Jesús, ¡Amén!

Diario

Capítulo 2

Gracia y Rectitud para tu Situación

Hay una gracia para la situación a la que te enfrentas o descuidas en tu vida. No estoy descontando tus experiencias, porque fueron decepcionantes, hirientes, y posiblemente incluso demoledoras-. Pero lo que estoy diciendo es que no tienes que permanecer en ese estado de ánimo en el que te has estado tambaleando. ¿Cuál es esta situación que has construido un muro dentro de tu espíritu limitando tu capacidad para sobresalir en la vida?

-¿Eres/Fuiste una víctima de violación o incesto?

-¿Eres/Fuiste un adicto a las drogas/alcohol?

-¿Eres/Fuiste enfrentando una adicción?

-¿Eres/Fuiste víctima de una relación improductiva que terminó en dolor?

-¿Estás albergando lamentos de los errores que has realizado como padre o hijo?

-¿Estás aun recuperándote de lo que el mundo llama una recesión económica (que se tradujo en despidos y terminaciones)?

-*¿Estás albergando pesares de un aborto, aborto involuntario, o la falta de fertilidad?*

-*¿Estás aferrándote a las heridas del pasado, de falta de perdón y amargura?*

Tratando con el Engaño

¡Tienes que empezar a tratar con el tú interno! Eso es un gran desafío, porque el tú interior tiene años de decepciones, rechazos y memorias que deben ser recicladas en esperanza. Tú debes comenzar a decir quién Dios dice que eres en lugar de lo que mundo o tus experiencias pasadas dicen que eres. Todo el mundo tiene un pasado de diferentes variaciones, pero cada uno tiene una situación en la vida que les afecta en algún grado. "El ladrón no viene sino para: robar, matar y destruir. Yo he venido para que tengan y disfruten de la vida, y la tengan en abundancia (al máximo, hasta que sobreabunde) "(Juan 10:10 NVI). El enemigo toma tu mal comportamiento para hacerle pensar a tu mente que tú eres la forma en que te comportas y no la forma en que Cristo hizo que seas. Tu comportamiento no define quién eres en Cristo. "Como él es, así somos nosotros" (1 Juan 4:17 NVI). Tú tienes que saber que eres la justicia de Dios, no por quien eres o lo que has hecho, sino por el maravilloso sacrificio de Cristo en la cruz.

Ejemplo #1:

Eres madre de dos hijos y una esposa trabajadora fiel. Pensabas que la vida era perfecta y no podría ser mejor, hasta que te enteraste de que tu marido te estaba engañando. Inmediatamente quedaste destrozado, porque hiciste todo lo que deberías haber hecho. Te ejercitaste, mantuviste la casa limpia, tenías una vida sexual sana, y eras sumisa, divertida y espontánea. ¿Qué pasó? El enemigo se arrastrará y dirá: "Bueno, tal vez no eres lo suficientemente bonita; tienes talla 8 y deberías ser un tamaño 7. Tal vez no eres lo suficientemente buena. "¡Bueno, detente allí! El enemigo se infiltrará en el engaño para condenar la insuficiencia. Este es el punto en el que el enemigo vendrá y devorará tu autoestima y te hará una víctima de tus propias circunstancias. Sé que es duro, pero espera-por lo que pasaste fue horrible. ¿Cómo puede un hombre engañar a la esposa perfecta y destruir su casa? Eso es horrible, pero vamos a salir de esa mentalidad de víctima y caminar en el poder capacitador de Dios que quiere estar presente en tu vida. ¿Podría haber esperanza a pesar del dolor? Absolutamente. En este punto, tu seguirías yendo a través de la vida y obtener el plan de Dios para tu futuro a través de la oración, la mediación en su palabra y escuchando las palabras del Espíritu Santo. La Biblia da permiso para dejar a tu marido en este caso. Sin embargo, me gustaría buscar el rostro de Dios antes de tomar decisiones drásticas. Dios te dirá que te vayas o te quedes (que está trabajando en esa situación). Ahora bien, si te quedas, debes permitir que el Señor te consuele. Tienes que permanecer conectado durante este tiempo, y permitir que el Señor comience el proceso de curación. Pero la curación no puede empezar sin permanecer en la palabra de Dios. La decisión realmente depende de ti. Pero recuerda que si Dios te dice que te quedes, él tiene un plan para la reconciliación; no tengas doble ánimo (Santiago 1: 8). Recuerda que Dios no es un hombre que pueda mentir, ni hijo de hombre para que se arrepienta (Números 23:19 ESV). Sólo debes saber que una vez que el Señor habla, hay un plan para la manifestación de su palabra, que no volverá vacía.

Es muy lamentable que tuvieras que pasar por una experiencia horrible. Muchas experiencias que pasamos limitan nuestra capacidad para sobresalir debido a percepciones pasadas o encuentros que han dejado un mal recuerdo en nuestros espíritus. Además, algunas de las experiencias que atravesamos quedan codificadas en nuestro ADN. Muchas personas se vuelven amargadas-insensible que resulta en su dolor siendo colocado en quemadores traseros y su alma silenciadas mientras permanecen amargadas de sus experiencias. Tienen un mensaje de incalculable que está silenciado a causa del dolor entumecido. El dolor adormecido dentro de su alma les ha dado la clave para la supervivencia en lugar de abordar el problema, por lo que caminan en amargura medicada sin una solución o cura.

Te animo a que te adhieras a la solución que puede cambiar tu vida: la gracia de Dios. En la cámara interior de tu alma, podrás comenzar a preguntarte, *¿Por qué Dios permitió que esto me sucediera a mí? ¿Por qué debo soportar estos años de dolor?* Antes de que empieces a volverte técnico y todo religioso, permíteme explicar.

Si puede poner una marca de libro ahí, vamos a echar un vistazo a
(Job Capítulo 1: 6-12 NVI):

Un día, los ángeles vinieron a presentarse delante del señor, y

Satanás vino también con ellos. El Señor dijo a Satanás: "¿De

dónde vienes?" Satanás respondió al Señor: "De recorrer toda la

tierra, yendo y viniendo en ella."

Entonces el Señor dijo a Satanás: "¿Te has fijado en mi siervo

Job? No hay nadie en la tierra como él; él es perfecto y recto, un

hombre temeroso de Dios y apartado del mal." "¿Acaso teme Job

a Dios en balde?" respondió Satanás. "¿No le habéis puesto un

cerco a él y a su casa y a todo lo que tiene alrededor? Has

bendecido el trabajo de sus manos, por lo que sus rebaños y

manadas se extienden por toda la tierra. Pero ahora extiende tu

mano y golpea todo lo que tiene, y verás si no te maldice en tu

rostro. "El Señor dijo a Satanás:" Muy bien, entonces, todo lo que

tiene está en tu poder, pero en el hombre mismo no pongas un

dedo". Entonces salió Satanás de la presencia del Señor.

A través del transcurso del tiempo, lo que era muy importante para Job le fue arrebatado, y la misma gente alrededor comenzó a cuestionar sus acciones. ¿Qué hizo mal? Llegó a un punto, donde comenzó a tener una conversación íntima con el Señor durante su tiempo de dolor. Fue entonces, que el Señor comenzó a darle a Job cuenta de su incomparable poder sin límites. Sin embargo, su experiencia fue muy importante a los ojos del punto de vista de hoy en día. Job se mantuvo. SE LEVANTÓ. Al final del viaje, fue restaurado y recibió el doble de lo que tenía antes en Job 42.

No puedo explicarte por qué Dios permitió que andéis o soportes ciertas situaciones. Pero estoy aquí ahora mismo para ayudarte a entender lo que puede hacer para ti ahora. Dios se está preparando para darte un nuevo corazón. "Un corazón nuevo os daré y un espíritu nuevo pondré dentro de vosotros; y quitaré el corazón de piedra de tu carne, y os daré un corazón de carne "(Ezequiel 36:26).

Al recibir esta palabra, y permitir que la palabra de Dios permanezca en tu espíritu, comenzarás a ver un cambio en tu vida. Como hemos aprendido de Job, tienes que tener cuidado de que usted permite hablar en tu vida. No te preocupes por lo que dirá la gente a medida que comiences este paseo de gracia y renueves tu mente en la palabra de Dios, la gente va a hablar. Tendrán opiniones sobre lo renovada que está tu mente, qué tan entregado eres, lo que solías hacer, y si las obras de Dios verdaderamente se han manifestado en tu vida.

Sin embargo, si lo que están diciendo no coincide con la palabra de Dios y su gracia. Están hablando de balbuceo y no de biblia. Una palabra incorrecta de alguien puede destruir tu vida, ya que te llevará por el camino de la destrucción. Esto lo aprendí hace mucho tiempo. Alguien dijo una palabra de la realidad para mí, lo cual era cierto físicamente, por su parte yo estaba hablando la palabra de Dios sobre esta situación.

Casi me destruyó y me puso en un estado de depresión porque empecé a ser mi propio Dios y arreglar mi situación. En lugar de permitir que mi mente permaneciera renovada y dejar a Dios en su propio tiempo, estaba escuchando al hombre evaluar mi situación. Conforme yo estaba acostado en la cama deprimida el señor me pregunto, ¿Lo que dicen se alinea con mi palabra? Eso es lo que mi palabra tiene que decir al respecto. Piensa en esas cosas que son preciosas y puras y arroja cada imaginación que se levanta por encima de la palabra de Dios. Al instante mi espíritu fue liberado de la fatiga, la depresión y la esclavitud. Increíble, una conversación de tres minutos casi destruyó mi vida.

Así que a quién le importa lo que la gente piensa o lo que la opinión de su vida es. No es su filosofía u opinión lo que importa, sino la palabra de Dios que fluye dentro de su vida. La palabra de Dios debe ser una cascada que fluye en alguna situación que se te presente. Cada situación tiene una solución en la palabra de Dios. Entonces, ¿A quién le importa lo que dice la gente? Estaban hablando de ti desde el principio. Tú simplemente te acabas de enterar a través de contacto directo o un individuo chismoso. Por lo tanto cíñete a ti mismo y renueva tu mente. No puedes tener la fuerza de un niño que siempre está consciente de lo que dice la gente sobre ellos o dispuesto a complacer a todos por escuchar lo que toda la gente dice. No, ahora que estás en Cristo tú obedeces la Palabra de Dios literalmente. Sí, la gente se reirá, pero una vez que el poder de Dios llega a tu vida y traiga manifestación física. No van a estarse riendo.

¿Qué es la gracia? ¿Por qué la necesito?

La gracia de Dios es un favor inmerecido hacia el hombre. A través de su poder ilimitado, él puede hacer lo que no puedes hacer por tu cuenta. La gracia de Dios capacita a superar todas las deficiencias y caídas y caminar en el lugar que te corresponde. La gracia te permite destacar en las promesas de Dios y su palabra. Todo el mundo en este mundo tiene un propósito, sin embargo, Dios nos ha dado a todos el libre albedrío. Sin embargo, no es el deseo de su corazón que su pueblo descuide su propósito en la tierra y soporte dolor hiriente.

"El ladrón no viene sino para hurtar y matar y destruir; Yo he venido para que tengan vida y la tengan en abundancia "(Juan 10:10 NVI). El Señor desea que camines en plenitud. Cuando él murió en la cruz por nosotros, no fue sólo por nuestros pecados. Él nos ha redimido para que podamos caminar en victoria. Toda lucha o situación ya se ha clavado en la cruz. Deje de medicarlos.

"Venid a mí todos los que estáis trabajados y cargados, y yo os haré descansar" (Mateo 11:28 NVI). Hay un descanso increíble que viene sobre nosotros cuando nos apoyamos en sus obras acabadas.

Nuestras situaciones ya se han clavado a la cruz. Cuando descansamos en sus obras acabadas, le estamos diciendo a Dios que confiamos en él para cuidar de todas nuestras preocupaciones. Descansar en el Señor no es fácil, de hecho, la Biblia se refiere a ello como labor. "Déjanos, por lo tanto, hacer todo lo posible por entrar en ese reposo "(Hebreos 4:11 NVI). Si necesitamos entrar en su reposo, ¿por qué es labor y donde encaja gracia? Es labor, ya que estás trabajando en contra de tus tendencias humanas naturales para hacer que las cosas sucedan para ti y permitir que Dios obre en tu nombre. Por favor, sé consciente que el descansar no es ser ídolo. Lo que estés creyendo que Dios haga, a medida que avances por la guía del Espíritu Santo, descansa al saber que lo que no puedes hacer, Dios lo hará.

La gracia y la justicia encajan medida que empezamos a saber quiénes somos en Cristo. La Biblia se refiere a nosotros como sacerdotes de la justicia en (Salmos 132: 9 NVI). "Dios lo hizo que no conoció pecado al pecado por nosotros, para que en él recibiéramos la justicia de Dios" (2 Corintios 5:21 NVI).

¿Estoy insinuando que eres justo y un recipiente de la gracia de

Dios, a pesar de todo lo que has sufrido y hecho? ¡Sí lo soy! Tu gracia y justicia es un don de Dios mismo, sin embargo hay que desearlo. "Pues son muchos los invitados, pero pocos los escogidos (Mateo 22:14)."

El Señor desea que todos nosotros recibamos lo que se nos ha dado gratuitamente, pero por desgracia no todo el mundo tiene el deseo de buscar después de lo que se les es legítimamente dado. ¿Qué es la justicia? La justicia es que se hará en posición correcta con Dios. "Esta justicia se administra a través de la fe en Jesucristo, para todos los que creen" (Romanos 8:22 NVI). La justicia nos permite caminar a nuestro legítimo lugar con Dios, porque sabemos lo que somos y en quienes confiamos. Por lo tanto, cualquier situación de nuestra vida que trae condenación, la justicia que mora dentro de nosotros se levanta para echarla abajo.

La condena está abatida porque Romanos 8:1 dice: "Por lo tanto, ya no hay ninguna condenación para los que están en Cristo Jesús." Tu justicia se confirma en (Romanos 5:17 NVI): "Porque si por la transgresión del sólo hombre reinó la muerte a través de ese sólo hombre, ¡cuánto más los que reciben abundante provisión de Dios de la gracia y del don de la justicia reinarán en vida a través del sólo hombre, Jesucristo!" Ese versículo lo resume muy bien. ¡Justo eres tú!

Ya que hemos llegado a la conclusión que eres justo, tu vida tiene que cambiar. Es imposible ser justos y buscar después de la gracia de Dios (meditando y declarando su palabra) y tu vida siendo la misma. Permíteme darte algunas escrituras que hablan de la gracia:

"Dios puede hacer que toda gracia abunde sobre ti (2 Corintios 9: 8 NVI)." "Pero a cada uno de nosotros la gracia se nos ha sido dada como don de Cristo (Efesios 4:7)." "Que la gracia y paz os sean multiplicadas, en el conocimiento de Dios y de Jesús nuestro Señor (2 Pedro 1: 2 NVI) "Creemos que es por la gracia de nuestro Señor Jesucristo que somos salvos (Hechos 15:11 NVI)

Tu vida tiene que cambiar por la gracia de Dios, conforme sinceramente desees y busques a Dios por ti mismo. Esto era algo que no he tenido hace años. Yo no podía creer que la recepción de la gracia de Dios fuese tan fácil. Pensé que literalmente tuve que ayunar durante 90 días, orando por horas a la vez (evitando mi familia) y así sucesivamente. Pero tú no. Tu gracia está justo en frente de ti, sólo tienes que tomarla ahora mismo en tu espíritu y deja que Dios comience a ministrarte, guiarte y dirigirte.

Oración

Querido Padre Celestial,

Le doy las gracias por la vida de la persona que está leyendo este libro.

Gracias por su palabra que dice: "Ninguna arma forjada contra

nosotros prosperará." Gracias que, efectivamente, ese es el caso con la

persona que está leyendo este libro. Eso, a pesar de todo por lo que han

pasado, el arma (destrucción significaba para ellos) no fue capaz de

prosperar. Sobrevivieron a través de las decepciones, heridas y dolor.

Gracias, Señor, por tus ángeles acampando alrededor de ellos en este

viaje, protegiéndolos.

Padre, por último, gracias por sus dones de gracia y justicia que les has dado como tus hijos. Que a pesar de toda condenación, nada puede hacerlos injustos o eliminar tu gracia de ellos. Padre comienza a verter tu revelación tras este individuo leyendo este libro en este momento. Donde quiera que ellos estén luchando para recibir tu gracia y justicia sobre sus vidas, comienza a verter tu Espíritu Santo sobre ellos para ministrarlos.

¡En el nombre de Jesús, Amén!

Diario

Capítulo 3

Perdónate a ti Mismo

Es hora de perdonarte a ti mismo. Si Dios mismo (que es el último juez) te ha perdonado, ¿por qué continuamente das refugio a la falta de perdón en relación a ti mismo? "Yo les perdonaré su iniquidad y no me acordaré más de tu pecado" (Hebreos 8:12). ¿Qué has hecho que no puede ser perdonado? ¿A qué amargura te estás aferrando? Conocí a una mujer muy rica que tomó una mala decisión solamente para terminar perdiendo sus riquezas hace unos dos meses.

Cuando comencé a ministrar a la dama, ella empezó a hablar de cómo ella apoyó todas las necesidades de su familia, hasta que se encontró en quiebra. Cuando ella estaba en necesidad, ella sólo se encontró a sí misma tratando de subir de nuevo a la cima por sí misma sin ayuda. Guau, qué amargada era, cuando ella comenzó a llorar y expresar su dolor interior aturdido.

Dios es el alfarero y un orfebre. No hay nada que hayas hecho que no se pueda arreglar y sanar. Dios quiere moverte en el lugar que te corresponde y dentro de su plan para tu vida a pesar de lo que has hecho. Él te ama y quiere verte operar a tu máximo potencial. Jeremías 18: 6 dice: "Tú eres el barro en manos del alfarero, y yo soy el alfarero." En este texto, Jeremías fue el barro y el Señor era el alfarero. En relación a su vida, Dios moldea y da forma a tu vida con el único propósito de la gloria de volver a él.

Deja de juzgarte y condenarte a ti mismo. Dios te ha perdonado. Así que ¿por qué estás reteniendo tu propio perdón cuando Dios tiene todo el poder para perdonar tu pasado? La Biblia dice: "Tus pecados, él ya no recuerda."

Muchas veces el perdón que retenemos de nosotros mismos, también retenemos de los demás, que a su vez traen enfermedades y dolencias de nuestra vida.

Las relaciones a menudo se arruinan debido a la falta de perdón y debido a las emociones y los efectos de la guerra espiritual en la que no estamos entrenados para la batalla. Nuestras relaciones fallan, lo cual es muy lamentable. Muchas veces cuando estamos luchando con la falta de perdón y no logramos perdonar porque nuestro dolor se vuelve amargo entumecido. ¿Entumecidamente amargo? Sí, estamos tan enojados, y cuando la idea de perdonar a esa persona viene a ser, nos adormecemos (como si nunca nos molestáramos o enojáramos con ese individuo en particular). Mientras tanto, sin saberlo, nuestros cuerpos están sufriendo las consecuencias del estrés de la falta de perdón, que está contribuyendo a ello. ¿Estoy diciendo que la falta de perdón puede causar problemas de salud? Sí, porque el cuerpo libera ciertas enzimas y cuando lleguemos al estado en el que estamos amargados (dolidos, tristes, deprimidos) contribuye a nuestros niveles de colesterol y la presión arterial aumenta, que se traduce en dolores de cabeza, úlceras, ataques al corazón, ataques de pánico, el asma, la muerte y la lista sigue.

La falta de perdón es un tema de interés para Pedro en Mateo 18:21. Le preguntó al Señor: "¿Cuántas veces he de perdonar a mi hermano que peca contra mí? ¿Hasta siete veces? "Siete veces parece muy modesto. Pero Jesús tomó un paso más allá, él le dijo a Pedro en el versículo 22: "Yo te digo que no siete veces, sino hasta setenta veces siete." Uno de los componentes clave para el perdón es amor.

En Mateo 22, Jesús dice: "Ama a tu prójimo como a ti mismo." Cuando usted no eres capaz de caminar en el amor, estás dudando de la palabra de Dios y la duda es la única cosa que dificultó a los israelitas de entrar en la Tierra Prometida. No es una cosa fácil de perdonar o de amar al prójimo, pero el poder del Espíritu Santo nos permitirá hacer, lo que no podemos ver con nuestras capacidades humanas ordinarias naturales.

Oración

Padre, encomiendo a mi hermano/hermana ahora en tus manos.

En cualquier lugar en sus corazones donde han ocultado cualquier

forma de falta de perdón, rezo por tu gracia del perdón para darles la

posibilidad de amar a su prójimo. A medida que perdonen, vamos a

caminar en el poder de tu amor. Que esas personas en sus vidas con las

cuales es difíciles de interactuar una interacción intermitente o

permanente, puedan ser amados con gracia.

En el nombre de Jesús, ¡Amén!

Diario

Capítulo 4

Un Momento Definitivo

Un momento decisivo es cuando te has enterado de que tenía algo de valor y nunca sabías. Muchos creyentes han estado caminando con Dios y nunca utilizando el equipo que él les ha dado de usar: la gracia y la justicia. Es como un mecánico no utilizando el gato para levantar el coche, sino que en su lugar lo sustituye por otra cosa. Jesús es el gato que el mecánico no se dio cuenta de que necesitaba usar. Jesús levanta el peso de nuestras situaciones de la vida, nos da el poder para caminar en la victoria total y el éxito.

Todos estos años has estado operando como tu propio salvador con un éxito limitado. Como creyentes, tenemos que recordarnos constantemente que somos en Cristo, porque las situaciones que enfrentamos en la vida tratan de desafiar nuestra justicia en Cristo y lo que somos en Cristo. Tu justicia es un regalo de Dios. El término regalo se toma a menudo la ligera porque los regalos van desde barato a caro.

Sin embargo, todo don que viene de Cristo tiene un precio caro en él. ¿Qué precio pondrías sobre él muriendo en la cruz para darte la vida eterna? Eso por sí solo es un precio caro. Bueno, así es la gracia y la justicia. No es algo que se puede ganar, sobornado, comprado, intercambiado, o duplicado. Ni es la gracia y la justicia un boleto de rifa para salir y el pecado de usarlos como chivo expiatorio para encubrir tus verdaderas intenciones. Un momento decisivo en la vida de uno es cuando entramos en contacto con la verdad. En este caso, la verdad es Jesucristo. (Juan 10:10) "Vengo para que pueda dar vida y vida en abundancia. Pero cuando venga el Espíritu de verdad, él os guiará a toda la verdad "(Juan 16:13 NVI). La verdad es que han recibido los dones de la gracia, de justicia y de tus pecados no recuerda más (Salmo 103: 1- 3).

Una vez que operas en este momento decisivo, no puedes dejar "definidores de asesinos de gente" entren y destruyan tu revelación definidora. La gente es muy interesante. Vamos a echar un vistazo de vuelta a Job; las personas que lo rodean trataron de definir su situación actual, como si ellos mismos estuvieran en el panel trono del juicio de

Dios mismo. La gente no puede definirte por su pasado, ya que si el creador mismo dice: "¡No recuerda más tus pecados!"

¿Así que quiénes son las personas para juzgarte por tus situaciones pasadas que has experimentado en la vida? Ellos son definidores de asesinos de personas. Ellos no quieren que tú abras la cámara interior de tu alma para recibir lo que Dios tiene para ti. Más bien, sienten que deberías de permanecer en un estado de complacencia porque no sienten que están listos para recibir el regalo que Dios tiene para ti.

Por lo tanto, te retan a desafiar al creador, como la gente alrededor de Job hizo. El don de la gracia y la justicia viene de forma automática una vez que seas salvado. ¿Te diste cuenta de que no tuviste que pedir para recibir esos dones? No, no lo hiciste. ¡Vino sobre ti cuando aceptaste a Jesucristo como tu salvador! Sólo tienes que activarlos en la fe.

Pregunta: ¿Qué pasa si no acepto a Jesucristo como mi salvador personal?

Respuesta: ¡Entonces hagámoslo ahora!

Repite después de mí: *Padre, te doy gracias porque moriste en la cruz* *por mí, teniendo mis iniquidades, enfermedades y situaciones. No sólo moriste en la cruz, sino que te levantaste de nuevo dándome vida eterna. Este día, te recibo como mi Señor y Salvador personal sobre mi vida. Ven a tomar control de mi vida, y vivir en mí. Saca todo lo que no es tuyo en mi vida. Perdona mis pecados. Creo que moriste en la cruz y al tercer día resucitaste de entre los muertos. Permíteme andar en mi propósito legítimo. En el nombre de Jesús. Amén.*

¡Ahora estás salvado! Recibe tus regalos.

Oración

Padre, te doy gracias por este momento decisivo para mi hermana y mi hermano leyendo este libro. Gracias por eliminar asesinos definidores de personas de entre ellos, desafiándolos a poner a prueba tu capacidad de hacer lo que dijiste que harías en sus vidas. Sino que elévalos a un nuevo nivel ahora que han entrado en contacto con la verdad, que es lo que les han dado libremente, la gracia y la justicia para ellos entra. Déjalos caminar con valentía en estos dones a pesar de todas las deficiencias y caída sabiendo que cada situación, adicción, circunstancia a la que se enfrentan en su vida se derretirá como cera debido a su gran poder sobre su vida. Continua revelando tu gracia y la justicia a ellos con mayor detalle.

En el nombre de Jesús, ¡Amén!

Diario

Capítulo 5

Guerra Espiritual

¿Qué es la guerra espiritual? La guerra espiritual es un ataque a tu mente, insinuando que lo que Dios dijo que él iba a hacer en tu vida no va a suceder. El enemigo, a través de medios tácticos, crea ciertas situaciones en el intento para que abandones tu fe en la palabra de Dios sobre tu vida. Yendo a través de situaciones de la vida, como hemos visto en el libro de Job, no es fácil, pero como creyentes cada batalla/lucha que enfrentamos es una buena pelea, porque ganamos.

"Gracias a Dios que nos lleva siempre en triunfo en Cristo Jesús" (2 Corintios 2:14 RV). El secreto último de la guerra espiritual está en (Efesios 6:10 NVI) "En conclusión, sé fuerte en el Señor [empodérate a través de tu unión con Él]; absorbe tu fuerza de Él [esa fuerza que su poder ilimitado proporciona].

Vestíos de toda la armadura de Dios [la armadura de un soldado armado pesado que Dios da], que puede ser capaz de con éxito levantarse contra [todas] las estrategias y los engaños del diablo. Porque no tenemos lucha contra sangre y carne [contendiendo únicamente con oponentes físicos], sino contra los despotismos, contra potestades, contra [los espíritus maestros que son] los gobernantes de este mundo de tinieblas, contra las fuerzas espirituales de maldad en la celestial esfera (sobrenatural) ". Este versículo es muy importante debido a que su éxito radica en la obediencia de este versículo. El ponerse toda la armadura de Dios significa estudiar la palabra de Dios. La saturación de la palabra de Dios en nuestra vida.

Tenemos que descansar y saber que no podemos auto-medicarnos a nosotros mismos con nuestro propio esfuerzo. Debemos de trabajar para entrar en el reposo de Dios a través de la palabra de Dios, en la que somos capaces de derribar fortalezas. Una fortaleza es una forma de cautiverio que tiene lugar en tu mente y que se entiende para que pienses contrario a la palabra de Dios. "Porque las armas de nuestra milicia no son carnales, sino poderosas en Dios para la destrucción de fortalezas" (2 Corintios 10: 4). Durante la guerra espiritual, cuando surgen fortalezas y huestes espirituales de maldad, tenemos que entrar en saber que la batalla ya ha sido ganada. Cristo te ha dado las herramientas para tener éxito: su palabra, fe y tu boca. Ahora hay que ponerla a trabajar al trabajar desde la victoria que Jesús ganó para ti en la cruz, en la manifestación física. Porque él ya ha pagado el precio. Tu victoria se encuentra en tu fe. "Porque todo el que nace de Dios vence al mundo. Esta es la victoria que ha vencido al mundo, nuestra fe "(1 Juan 5: 4).

Tenga en cuenta que esto no es sólo una confesión, sino una creencia que surge en tiempos de dificultades con la garantía en las promesas de Dios. El verdadero carácter de alguien sale en momentos de estrés y dificultades; es en ese momento que se ve lo que realmente creen. Salmo 46: 1-3, 5: "Dios es nuestro amparo y fortaleza, una ayuda siempre presente en tiempos de problemas. Por lo tanto, no temeremos, aunque la tierra sea removida, y se traspasen los montes al corazón del mar, aunque sus aguas bramen y se turben y tiemblen los montes a causa de su braveza. "No hay garantía en este versículo de que Dios es tu refugio y cualquier situación a la que te enfrentes en este momento en la vida tiene una fecha de caducidad. Esto también pasará. No temas, mantente firme en la palabra de Dios.

Oración

Padre, gracias por este hermano/hermana que está participando en esta oración con ustedes ahora. Gracias por ser su fuente y fuerza. Gracias por una mente sana y claridad en esta temporada para ellos. Que a pesar de lo que está pasando a su alrededor o en su vida, que todavía se aferran a su fe y confesar en su palabra con seguridad, sabiendo que la victoria ya ha sido ganada. Gracias porque la situación que están atravesando ya es una lucha arreglada. Ellos han ganado, porque tú ya has pagado el precio por vencer al mundo. Continúa dirigiéndolos y guiándolos a través de este viaje que te dará toda la gloria.

¡En el nombre de Jesús, Amén!

Diario

Capítulo 6

Si dices lo que Dios dice, ¡tendrás lo que dices!

Con demasiada frecuencia, como cristianos, nos movemos por nuestros cinco sentidos. Siempre nos dicen lo que sentimos, lo que vemos, y no tenemos. Pero como cristianos, debemos estar operando en una mayor unción y diciendo que lo que no tenemos está en su camino. Pero por miedo y vergüenza, limitamos nuestras bendiciones sobre la base de lo que la gente piensa de nosotros. Deberíamos estar profesando: *estoy curado, mi hijo fue entregado; está bien.* Con demasiada frecuencia, vemos bendiciones en una perspectiva tangible de lo que Dios está haciendo. Dios no es un Dios tangible. Él crea cosas en el espíritu, y luego se manifiesta. Es por eso que las Escrituras dicen: "Aunque las aguas rugen." Las cosas van a ser ruidosas, molestas, y caótico contigo. Pero usted tiene que tomar la decisión de permanecer en tu justicia que Dios te ha dado y confesar lo que la palabra de Dios dice sobre ti en confianza. Dios te ha dado autoridad divina en la boca. Hay poder en la lengua.

La Biblia dice que la vida y la muerte están en el poder de la lengua (Proverbios 18:21). En Mateo 11:12, se establece que el reino de los cielos sufre violencia, y los violentos lo arrebatan. Lo que estoy diciendo aquí es que tienes un propósito, todo el mundo tiene un propósito en esta tierra. Sí, sé que la vida te ha dado algunas situaciones que eran incómodas para ti. Si no eres un Dios muerto, todavía tienes un propósito que cumplir en tu vida. Él te ha traído a través de ese a otro nivel y vida. La Biblia dice que muchas son las aflicciones del justo, pero el Señor lo libra de todas ellas (Salmo 34:19).

¿Qué situación muerta tienes en tu vida? ¿Qué sueño se ha dejado abandonado y sin un atisbo de esperanza? Sé como Ezequiel. En Ezequiel capítulo 37, verás el Señor preguntarle Ezequiel una pregunta muy interesante. En el versículo 3, dice, "¿Vivirán estos huesos secos?" Luego en el versículo 7, el Señor manda a Ezequiel a profetizar a los huesos secos, y la Biblia dice que "de repente" se produjo un ruido y traqueteo. ¡De repente, se oyó un ruido! Guau. ¿Qué estaba sucediendo aquí? Abrió la boca. Abre tu boca en relación con cada situación que esté latente, muerta, o fuera de orden en tu vida. Utiliza la autoridad para hablar sobre las situaciones, porque no hay poder en tu boca. ¡Así que habla!

Sin embargo, por favor, no abuse de su poder, porque su tiempo será en vano. ¿Qué quiero decir? Bueno, si ves a un hombre casado/mujer casada, y tu mente te está diciendo que él/ella es tu marido/mujer, no puedes usar tu boca para comandar que su esposo/esposa muera, por lo que tú puedas ser su nueva pareja. Eso se llama locura y brujería, que es impotente frente al incomparable poder de Jesucristo.

Mi segundo punto es hablando cosas descuidadas en tu vida. Cosas como "¡las buenas cosas nunca me suceden, yo nunca me voy a casar, estoy tan enfermo!" ¿Qué estás haciendo? Está hablándole a la atmósfera palabras que están dando vueltas alrededor en busca de un lugar para manifestarse. "Porque cual es su pensamiento en su corazón, tal será" (Proverbios 23: 7). Después de hablar cosas sin sentido en varias ocasiones durante tu vida, comenzarás a pensar en ellas, haciendo que se manifiestan, a menos que comiences a cambiar tu forma de pensar.

Con el fin de obtener lo que Dios dice en tu vida, tienes que conocer su palabra. Al alinear tu pensamiento con la palabra de Dios, se convierte en un testigo paralelo a su espíritu. En otras Palabras, tu espíritu se convierte en un testimonio de la palabra viva de Dios en tu vida. A medida que pasas el tiempo en su palabra, meditando en sus promesas, en última instancia tropezarás en una palabra *Rhema* para tu situación. Una definición simple de una palabra *Rhema* es una palabra fresca para tu situación, más allá de la inclinación natural del hombre. A través de pasar tiempo en la Palabra de Dios, te tropiezas con escrituras tales como (Juan 15: 7), "Si permanecéis en mí, y mis palabras permanecen en vosotros, pedid todo lo que queréis, y os será hecho a vosotros". Esta escritura está afirmando lo que Josué 1: 8 dice al declarar, meditar en la palabra de Dios. ¡Cuando meditas sobre la palabra de Dios, Él está morando en ti! Por lo tanto, puedes pedirle al Señor los deseos de tu corazón. Para dar un paso más, si tus deseos no son buenos, el Señor va a plantar sus deseos en tu corazón (ahora volverse uno con tus deseos encontrado en el Salmo 37: 4).

Se convierte en una impartición natural para el Espíritu Santo en tu espíritu. Una vez que se forman tus deseos, comienzas tu proceso de declaración hablando la palabra de Dios. Luego ve que suceda.

Oración

Padre, gracias por mi hermana/hermano que están leyendo esto y uniéndose a mí en la oración. Gracias por la autoridad que les has dado para hablar la vida sobre su vida que puede cambiar cualquier situación a través de tu palabra. Gracias por transformarme internamente en la forma en que piensas y hablas con ellos. Que van a empezar a pensar en los pensamientos que piensas hacia ellos. Para obtener un punto de vista más amplio de lo que los llamaste a ser. Gracias por un cambio en tu vida y dejar que ellos vean las bendiciones de hablar tu palabra sobre su vida.

En el Nombre de Jesús, ¡Amén!

Diario

Capítulo 7

Dios te Ama

Dios te ama. A pesar de lo que ha sucedido en tu vida, Dios tiene un plan para tu vida y quiere que abraces su presencia, poder y amor, para caminar en la victoria. Ahora usted está en una encrucijada. Tú **a)** dejas de ser una víctima, y entras en la presencia de Dios lleno de amor y de paz; o **b)** ¿Sigues siendo la víctima y te aferras al resentimiento, la amargura y la ira?

Caminando en el amor y la paz de Dios mandarán que confíes en su gracia. La gracia es el poder capacitador de Dios a hacer algo que no puedes hacer por tu cuenta. No puedes amar a alguien que te lastimó sin confiar en el amor y la gracia de Dios para trabajar a través de ti. No puedes recoger las piezas de un fracaso sin comprender el amor y la gracia de Dios para tu vida. "Mi gracia te basta, ya que mi fuerza se muestra perfecta en la flaqueza" (2 Corintios 12: 9). Bueno, ¿cómo vas sobre recibir la gracia de Dios a través de las obras naturales (Romanos 11: 6)? ¡No, tú obtienes la gracia mediante la fe! Parece que debería ser mucho más a la gracia que recibirla a través de la fe. Simplemente parece tan fácil, sin embargo, es tan difícil para muchos creyentes de hacer, porque sienten que tienen que contribuir físicamente a la decisión final de su situación. Cuando comenzamos a tener situaciones en nuestras propias manos, refleja cómo nos sentimos interiormente hacia el poder de Dios a pesar de la máscara religiosa que nos ponemos en el exterior.

Refleja el miedo y la duda, porque no sabemos si Dios va a trabajar el problema de la manera que estamos esperando. Pero, ¿cuántos de ustedes saben que todos el resultado/camino que el Señor crea para nosotros es bueno (1 Timoteo 4: 4)? Basarse en la sabiduría y la gracia del Señor no significa que el enemigo no va a venir contra ti ... porque su plan es sacarte de la pista. Pero tienes que prepararte mentalmente de que tienes la victoria y ya aconteció. Tú simplemente estás esperando la manifestación física de la esfera espiritual. Tienes que ser capaz de hablar de nuevo a situaciones en las que tu mente está presentando pensamientos negativos como: *¿No has estado en esta situación durante nueve años? ¿Qué te hace pensar que va a cambiar?* Tienes que ser capaz de volver y decir esta situación va a cambiar, porque mayor es el que está en mí que el que está en el mundo (1 Juan 4: 4). Desde que naces de Dios, superas las aflicciones que el mundo intenta traer contra ti, porque eres victorioso (1 Juan 5: 4).

Ejemplo #1

Vas para el chequeo de un médico debido a algunas complicaciones que has estado experimentando. Después de ejecutar varias pruebas, resulta que tienes cáncer. Inmediatamente, la voluntad del enemigo comenzó a decirle que ibas a morir, tus hijos se quedarán sin una madre/padre, y todas tus metas se quedarán sin cumplir. No, tú comienzas a declararte que vivirás y no morirás (Salmo 118: 17); por su llaga tú quedas curado (Isaías 53: 5). Comienzas a declarar a los espectadores de que el informe del médico indica que tienes cáncer, pero el informe de tu padre declara que no puedes tener cáncer y que estás sanado, porque la sangre de Dios no está contaminada.

Echemos un vistazo a otro ejemplo #2:

Conozco a una mujer increíble (muy querida a mi corazón) que recibió un informe del médico que necesitaba una transfusión de sangre. Esta transfusión era de alto riesgo para ella porque tenía muchas enfermedades, y el riesgo de estar en Coumadin podría causar problemas innecesarios para ella. En este punto en particular ella ya estaba en el hospital por una situación existente y no tenía más remedio que dar su consentimiento para la transfusión de sangre para que los médicos pudieran terminar el procedimiento al que fue admitida originalmente. Cuando estaban revisando con ella los contras de la transfusión de sangre, le aconsejaron que tenía expectativas de 50/50 de vivir.

Inmediatamente, ella me miró, ya que estaba en la habitación con una mirada de paz en mi cara. Declaré que estaba cubierto por la sangre de Jesús y que la transfusión de sangre se entrelazaría con la sangre del cordero. Déjenme contarles, hoy está viva y viviendo. Gloria a Dios. La diferencia está en tus declaraciones y tus pensamientos, porque el poder está en la lengua (Proverbios 18:21).

Oración

Padre, gracias por tu gracia sobre el lector de este libro. Gracias por permitir que busquen tu gracia como nunca antes. Gracias por tu amor incondicional, que no cesará. Gracias por ellos pasando por la gracia en todas las situaciones en sus vidas. Gracias por tu gracia sobre sus: niños, matrimonio, finanzas, carrera, salud, destino. Gracias Señor porque eras rico, pero te volviste pobre que ellos pudieran llegar a ser suministrados en abundancia en todas las áreas de su vida. A medida que se aferren a esta gracia Señor, deja que se convierten en un testimonio que lleve a otros a ti.

En el Nombre de Jesús, ¡Amén!

Diario

Capítulo 8

Lidiando con las Emociones

El amor es incondicional, pero no siempre se siente bien el amar. Por lo tanto, andamos por el Espíritu de Dios así que cuando él nos dice que debemos caminar en el amor, debemos negar nuestros cinco sentidos y comenzar a caminar por el Espíritu.

Hay un texto familiar en la Biblia donde Jesús dijo: "Como tú has hecho a ellos así has hecho a mí." Uno nunca sabe que Dios está llamando a amar, pero el que Dios está llamando a amar, no puede ser que sea fácil de amar, pero tú estás plantando una semilla de amor incondicional.

Muchos de nuestros cinco sentidos han creado el caos en nuestras vidas, porque nuestras emociones están fuera de control. Cuando juegas en la carne, limitas la capacidad de Dios y el poder sobrenatural para realizar milagros en tu vida. Cuando entras en la carne, estás diciendo que la belleza final de lo que la palabra de Dios dice no es importante en tu vida, lo que es importante son tus cinco sentidos, pero la última vez que revisé mi Biblia, dijo, "Reconóceme en todas tus formas, y voy

dirigiré tu camino (Proverbios 3: 6)"

Oración

Padre, gracias por el amor que expresas continuamente en

relación con mi hermano/hermana. Gracias porque a través de tu

justicia, son justos; porque son justos tienen derecho a recibir las

bendiciones que has proclamado en tu palabra. Gracias por la gracia

para cada situación incómoda en la que los has llamado a ser. Que la

luz que has depositado en ellos brille. Gracias por permitirles alejarse

de sus cinco sentidos y comenzar a ver las cosas como tú las ves.

Gracias por la unción de la facilidad, y llevar la carga para mi

hermano/hermana, conforme se entreguen a ti.

En el Nombre de Jesús, ¡Amén!

Diario

Capítulo 9

Recibiendo un Nuevo Propósito

¿Cuál es el deseo más profundo de tu corazón? Deléitate en el Señor, y él te concederá las peticiones de tu corazón (Salmo 37: 4). Y peticiones secretas de tu corazón. Al hacer esto, coloca deseos dentro de ti. Esta es una escritura muy profunda porque dice lo que Dios va a hacer por nosotros, porque después de estar en la presencia del Señor, él dejará caer deseos que salían de él para hacer hacerlos tus deseos. Yo digo sus deseos porque les impartió en tu espíritu para que te apasionara cierta cosa. Esto se aplica a todas las áreas de tu vida desde relaciones, emociones, recuperándose de reveses, planes de futuro, y mucho más ... Una impartición sencilla del Señor puede darle a uno un nuevo fresco comienzo en la vida.

Echemos un vistazo a un ejemplo #1:

Una niña de 10 años que vive en una situación de maltrato en los proyectos se encuentra en sí misma bruscamente siendo raptada de su familia para entrar en acogimiento familiar en la que la tradición de abuso la siguió de hogar a hogar adoptivo. A la edad de 18 años, tuvo un encuentro con el Señor que cambió su vida. Al instante sin previo aviso, de 17 años de dolor y recuerdos de agonía se convirtió en una zona de curación e inspiración para iniciar su propia organización sin fines de lucro para los niños desfavorecidos. Tan herida como estaba, había perdido toda esperanza y el Señor le dio un deseo que cambiaría las ciudades del interior de cada estado. A pesar de su infancia conflictiva llena de dolor y decepciones, ella todavía permitió al Señor en su vida. Después de todo, Él la siguió a través de todo el abuso, el abandono, el incesto y el dolor.

Veamos otro ejemplo #2:

Un empresario a la alza y soltero trabajando en su barbería estaba luchando a fin de mes, pero tenían un deseo de abrir un negocio culinario. Sediento de éxito, pero limitado por los recursos financieros, estaba listo para desafiar a Dios en sus promesas. Listo para ver si Dios es realmente quien dice ser, comienza a meditar en el Salmo 37.

Entonces se tropieza con Deuteronomio 28: 5: "Bendita sea tu canasta y tu artesa de amasar" Al instante, el Señor dejó caer su espíritu la comprensión de esta escritura. Todo eso trajo riqueza en su canasta y su cuenco de amasado será bendito. Inmediatamente, recibió la palabra en su espíritu, pero comenzó a leer la revelación del Señor; hasta que oyó Deuteronomio 08:18. "El Señor te dé el poder para hacer las riquezas." No mucho tiempo después, se dio cuenta de sí mismo meditando en estas escrituras y él tuvo un encuentro divino con el Señor durante el corte de pelo de su cliente. Antes de abrir su propia barbería, era un chef de profesión, pero debido a las dificultades financieras, tuvo que ir a donde estaba el dinero y poner su sueño culinario en un segundo plano. El Señor le dio el deseo de empezar a hacer pasteles únicos para vender a los clientes y empezar a hacer comidas los fines de semana.

Este fue un encuentro divino del Señor. Puso su deseo culinario en un segundo plano y el Señor lo revivió. No antes de tiempo, el Señor hizo que su negocio culinario se expandiera tanto que tuvo que abrir una instalación e iniciar la contratación de personas. ¿Cómo sucedió esto? El

Señor le dio esos deseos. ¿Entonces, qué piensas? podrías estar pensando, bueno, ese era él, pero ¿qué hay de mí?

Estamos en pacto con Dios. Confesiones y declaraciones no sólo ocurren en la oración, sino que es una parte de nuestro camino de fe diario con Dios. No estoy diciendo que estos individuos nunca experimentaron un momento difícil, pero perseveraron a través de las dificultades y la guerra espiritual y caminaron en sus bendiciones ... su lugar rico. Después de experimentar una vida no productiva o una vida de decepciones, ¿cómo llego al lugar donde puedo escuchar la voz del Señor con claridad? Eso es simple: la Biblia dice que sus ovejas conocen su voz (Juan 10:27). Tienes la oportunidad de conocer tu voz al pasar tiempo con él en el espíritu.

Ejemplo #3

En 1 Samuel 16, el Señor está hablando a Samuel acerca de una tarea específica que le ha dado a ungir al nuevo rey en el que predestinó. Sin embargo, Samuel fue atrapado en sus emociones en luto por alguien que el Señor había degradado, pero en el versículo 4, vemos a Samuel emprendiendo su tarea (por obediencia).

Muchas veces en la vida, Dios nos dará una tarea en la que tenemos que tomar literalmente cada dirección a través de la voz del Espíritu Santo. Cuando Samuel llegó a su destino, el Señor aconsejó a Samuel no mira la apariencia externa, porque el Señor mira el corazón. El Señor sabía que Samuel iba a recoger el nuevo rey de su preferencia personal; Por lo tanto, el Señor lo guio a través de la selección de todos los hijos de Jesse. A través de la guía del Espíritu Santo, se seleccionó a David el hijo menos probable (por la apariencia por que cuidaba a las ovejas) para ser rey por el Señor mismo, quien luego se convirtió en uno de los más grandes reyes.

Ejemplos #4

Todo el mundo conoce la historia familiar de Moisés (que tenía un impedimento en el habla), y cómo Dios lo usó para sacar a 600,000 israelitas de Egipto, en el medio de la noche. Al salir, el faraón tuvo un cambio de corazón, y el Faraón envió 600 de sus mejores carros en el intento de esclavizarles de nuevo. Pero el Señor tenía un plan diferente.

Mientras miraban hacia atrás, vieron a sus enemigos viniendo (el pueblo empezó a temer), y de inmediato el Señor le dio una dirección divina. Dijo que en el versículo 21 de Éxodo capítulo 14, el Señor secó el Mar Rojo. A través de su obediencia, el pueblo de Israel fue liberados de inmediato en un abrir y cerrar de ojos.

Ejemplo #5

Mateo 1:20 dice: "José, hijo de David, no temas en recibir a María como tu mujer, porque lo engendrado en ella es del Espíritu Santo." ¿Qué estaba pasando aquí? Lleno, con las emociones, Joseph tenía la intención de enviar en secreto a María lejos. Pero el Señor sabía de sus planes, por lo que envió a su ángel para ministrar a José en un sueño. Sí, en un sueño. Hay muchas maneras en que el Señor nos habla, no se puede poner al Señor en una caja, porque no puede caber en tu cajita.

Estos ejemplos tienen el propósito de alentarle, a sabiendas de que escuchar la voz del Señor es una experiencia gratificante. Esta experiencia se puede utilizar en tu vida para experimentar grandes victorias en tu vida o simplemente ver el poder de Dios moviéndose en la vida de alguien.

Que es exactamente lo que me pasó. Hace varios años, conforme empecé a comprender el mensaje de la gracia, estaba asistiendo a la oración en la iglesia rezando por mis necesidades. Conforme yo estaba en la oración el Señor me dijo que él quería que yo fuera un intercesor de oración por su pueblo (el pastor, el mundo y las necesidades de las personas). Que mientras yo oraba por su pueblo, él trabajaría en todas las áreas de mi vida. Me sorprendió porque tenía cuestiones que debían abordarse como ayer, pensé ¿toda mi atención debería ir hacia eso? Toda la semana el Señor pulsó una pesada carga en mi corazón para orar por su pueblo, que no dejaría. ¿Qué estaba sucediendo aquí? El Señor estaba cambiando mis deseos. Por eso, cuando se reanudó la oración en la iglesia, yo ya había en mi espíritu aceptado la asignación de Dios. Sólo para ser confrontado por la iglesia para estar en el equipo de oración. Dios estaba trabajando detrás de la escena, y trabajó todo. Cuando comenzamos a orar, las personas que eran estériles quedaron embarazadas, las personas con casos judiciales recibieron la victoria, las personas que estaban enfermas quedaron sanadas, y fue para la gloria de Dios. Al mismo tiempo, las situaciones en mi vida que parecían imposibles, comenzaron a desmoronarse justo enfrente de mi cara. "Buscad primero su Reino y su justicia, y todas estas cosas os serán añadidas (Mateo 6:33 NVI)." Así que este principio ha cambiado mi vida desde ese mismo momento, aún hoy estoy enfocada en la elevación del reino de Dios. Así que antes de quedar atrapado con todo lo que está pasando en tu vida, recuerda que debes centrarte en el reino de Dios.

Operar en la unción de Dios te ha dado para ser un sirviente en su reino. No te dejes atrapar en las posiciones y títulos. Sino que humíllate al ser un buen administrador de Cristo en el reino de Dios.

Oración

Padre, gracias por ese cambio de paradigma para mi hermano y hermana en esta temporada. A pesar de que han declarado su palabra sobre tu vida, están empezando a caminar en la audacia de la autoridad que les has dado. Gracias por tu voz en esta temporada. Conforme los guíes y los lleves, van a entrar en su lugar de abundancia y prosperidad en todos los ámbitos relativos a su vida. Conforme ellos están caminando en esta nueva temporada, gracias por ese encuentro divino contigo que cambia el punto focal de sus vidas en victoria. Amén.

Diario

Capítulo 10

Revelación

¡Declaro de mi boca una temporada de cambio para ti! Dios está a punto de trabajar en los detalles íntimos de tu vida para darte curación, restauración, paz, y victoria en todas las áreas de tu vida. Cuando el miedo intenta colarse y decir lo contrario de lo que Dios dice, empieza a reflexionar sobre las promesas de Dios con respecto a tu situación. Comienza a alabar a Dios y esperar a ver la manifestación física. Si dices lo que Dios dice, entonces tendrás lo que dices. Dios habita en las alabanzas de su pueblo (Salmo 22: 3). Cuando Josafat se enfrentaba a una situación imposible, note la estrategia a la que fue sometido: comenzaron a alabar al Señor. Cuando empezaron a alabar, Jehová puso emboscadas contra sus enemigos y de inmediato la victoria fue ganada.

Ya se te ha dado la victoria, así que ¿por qué preocuparse y dudar sobre el resultado de lo que Dios dijo que iba a hacer? Entrega tu total confianza a él, y fija tus ojos como el pedernal para ver la victoria. No mires a los residuos, ya que es un espejismo que pretende distraerte y te llevará fuera de curso. No te preocupes por las situaciones excepcionales en tu vida. Tus errores del pasado no dictan tu futuro una vez que estamos en Cristo. Sólo debes saber que la victoria es tuya.

Un texto familiar en la Biblia es Juan 6:21. Los versos que condujeron a él se refieren a los discípulos que van en una barca sin Jesús sólo para encontrarse con un gran viento y la vista de Jesús caminando sobre el agua. El punto en el que quiero centrarme es cuando ellos estaban dispuestos a dejar que Jesús entre en su barco. La Biblia dice que "inmediatamente" ellos estaban en el otro lado, en referencia a su destino. En esta temporada, conforme permitas a Jesús en tu: barco, vida, negocios, situación (sea lo que sea), ¡tú experimentarás resultados que cambian la vida! ¿Por qué? Cuando permites la venida de Jesús, tiene que entregarse totalmente y renunciar a todos los miedos. Rendirse y renunciar a los temores es exactamente lo que vimos en 1 Reyes 17, que creó "una situación inmediata." Que vimos:

1. Elías recibió instrucciones divinas de Dios para recibir alimentos y agua por ir al arroyo.

2. También vimos a la mujer de Sarepta que estaba declarando la

muerte sobre la vida experimentar un cambio inmediato en su obediencia. Como resultado, ella experimentó una cosecha y sus declaraciones de la muerte fueron al revés. Esa situación que cambia la vida puede pasar en tu vida también.

La Biblia declara: "Durante el tiempo que allí la tierra permanezca, la siembra y la cosecha, frío y calor, verano e invierno, día y noche nunca dejará" (Génesis 8:22). La mujer de Sarepta de su obediencia a sembrar una semilla en el hombre de la vida de Dios, experimentó una cosecha. ¿Por qué? Debido al principio de la siembra y la cosecha. Pero es importante que tu semilla caiga en buena tierra, y que la riegues con la palabra de Dios y la fe. ¿Qué es la buena tierra? "Pero otra semilla cayó en buena tierra, donde se produjo una cosecha - cien, sesenta o treinta veces lo que se había sembrado" (Mateo 13: 8).

(Mateo 13: 8). Una vez que se siembra tu semilla, luego envuelves tu problemática alrededor de la semilla de lo que estás creyendo a Dios que haga en tu vida, echando toda duda. Os animo a sembrar una semilla de la victoria de $58.00 a tu iglesia, que es el símbolo de los 58 tipos de bendiciones en la Biblia. Pero dondequiera que decidas sembrar, asegúrate de que siembres en buena tierra, que es una iglesia fundamentada en la palabra de Dios.

Conforme tú siembras esta semilla, envuelve tu necesidad en torno a esa semilla. Conforme estás creyendo a Dios por tu necesidad, Dios también está haciendo otras cosas en tu vida. La siembra no sólo produce la cosecha financiera sino también la paz, la alegría, la curación, la restauración y mucho más. Una señora estaba en la necesidad de un avance drástico en su vida.

Ella sembró una semilla que envuelve su necesidad alrededor de esa semilla sólo para encontrarse a sí misma al día siguiente admitida en el hospital con una pierna hinchada y no pudiendo caminar. Conforme ella me llamó, yo la animé para regar esa semilla que sembró. Dos días más tarde, después de ejecutar varias pruebas en el hospital, los doctores no pudieron encontrar nada malo en ella. ¿Por qué? El Señor le había sanado. Ella plantó una semilla.

Ejemplo #9:

Otra dama estaba experimentando una modificación de préstamo de tres años en su casa, con intentos frustrantes de la compañía hipotecaria. En su desesperación, ella plantó una semilla creyendo en Dios de que él iba a hacer algo. El Señor volvió una situación frustrante en victoria. La compañía hipotecaria volvió a modificar su casa y redujo el principio en su hipoteca y redujo su pago.

¿Quién puede hacer eso, sino Dios? No se puede pagar por un milagro, pero se puede sembrar una semilla de la creencia de que el poder de Dios intervendrá dando gloria a nadie sino a sí mismo. Verás, no está en la cantidad que siembras, a menos que el Espíritu Santo te dirija a sembrar una cantidad específica, pero es por obediencia. Como la mujer Sarapeta experimentó una cosecha increíble, tú también, conforme plantes esta semilla. Tú experimentarás una cosecha en esa área de tu necesidad.

Ahora, conforme te mantienes con fe, creyendo en la gracia de Dios para hacer lo imposible en tu vida, cuando se trata de abrazarla con gran alegría y agradecimiento. Porque fue Dios quien abrió esa puerta para ti. ¿No convertirse en un inspector de la gracia de Dios? Déjame explicar

Hay una historia familiar en la parábola que Jesús habló en Mateo

20: 3-11, en la que habla de un hacendado que contrata trabajadores para su viña. Encuentra los trabajadores y está de acuerdo en cierto salario de 1 centavo por día y los trabajadores comenzaron a trabajar. Conforme pasaba el tiempo se encontró con más trabajadores y los contrató también. Esta vez les dijo a los trabajadores que empezaran a trabajar y él les daría lo que era justo y equitativo.

Cuando llegó la noche el dueño había convocado a todos los trabajadores por venir y él dio a los trabajadores que comenzaron más tarde en el día el mismo salario de 1 centavo. ¡Esa fue la gracia! Sin embargo, los trabajadores que comenzaron su turno antes no parecían pensar lo mismo, comenzaron a analizar la razón de ser de la forma en que se clasificaron para el mismo salario.

Cuando Dios te bendice recíbelo con alegría, no trates de comparar tu bendición con los que te rodean, ya que requirió de un milagro para que pudieras recibir lo que Dios te dio. Me encanta lo que Jesús dice en el versículo 16, dice "los últimos serán los primeros y los primeros serán los últimos." ¡Vaya!, para que no nos distraigamos con lo que está a tu alrededor, sino regocijarse en lo que Dios está preparando para hacer en tu vida, porque él se está preparando para grandes cosas. Así que espera en gran esperanza.

Oración

Padre, gracias por esta temporada transformadora de vida para mi hermano/hermana. Gracias por la restauración, la salud, la integridad, y el aumento de su vida. Padre, conforme rezan, te dan la bienvenida a entrar en su situación. Te damos gracias por una transformación repentina en su vida. Bendice la semilla que siembran. Deja que se multiplique 30, 60 y 100 veces según tu palabra para crear una cosecha en esa área de su vida. Toma el control absoluto.

En el Nombre de Jesús, ¡Amén!

Diario

Referencias Bíblicas

Amplificado (AMP)

Versión Estándar en Inglés (ESV)

Versión Reina Valera (RV)

Nueva Versión Internacional (NVI)

Nueva Versión Internacional (NVI)

Nueva Traducción Literal (NLT)

www.ingramcontent.com/pod-product-compliance
Lightning Source LLC
Chambersburg PA
CBHW032209040426
42449CB00005B/511